In diesem Heft lernst du, wie du bei schwierigen Stellen im Wort selbst herausfinden kannst, wie du sie schreiben musst.

Du kennst ja schon das Zeichen für Silben:

Nun lernst du ein neues Zeichen kennen:

Es bedeutet: Du musst das Wort **verlängern** und nach der Silbe **weiterschwingen**.

Am besten machst du das mit der Mehrzahl!

Beispiel:

Bild

Bilder

1

Schreibe die Wörter in der Mehrzahl auf.

Bei diesen Wörtern kann man den letzten Buchstaben nicht genau hören.

Robin hat einen Hun**d**.

Sein Vater hatte früher zwei Hunde  .

Samira fährt gern mit dem Ra**d**.

Vor der Schule stehen viele  .

Moritz und Fabian schlafen im Zel**t**.

Im Ferienlager gibt es viele  .

Wenn du nicht genau weißt, ob ein Wort am Ende mit **d** oder mit **t** geschrieben wird, dann verlängere das Wort.

Verlängere das Wort, und du hörst es sofort!

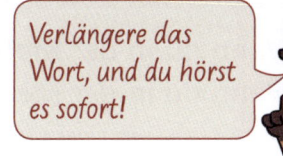

Schreibe die Wörter in der Mehrzahl auf.

das Pfer**d**	der Mon**d**	die Han**d**
viele Pferde	viele	viele
der Hu**t**	das Hef**t**	der Freun**d**
viele	viele	viele
das Kin___	das Schil___	das Bro___
viele	viele	viele

3

> Wenn du in der **Mehrzahl** ein **d** hörst, schreibst du in der **Einzahl** auch ein **d**.
> Wenn du in der **Mehrzahl** ein **t** hörst, schreibst du in der **Einzahl** auch ein **t**.

Schreibe in der Mehrzahl **d** oder **t** dazu. Ergänze das Wort in der Einzahl.

Im Zoo gibt es fünf Elefan **t** en. Am Brunnen trinkt gerade ein Elefant .

Der Zirkus hat vier Pfer⎕e. Der Artist übt mit einem _____ .

Der Kindergarten hat vier Dreirä⎕er. Josefine fährt auf einem _____ .

Auf dem Markt kaufen wir drei Sala⎕e. Heute gibt es eine Schüssel _____ .

Im Klassenzimmer hängen viele Bil⎕er. Nelli malt ein neues _____ .

4

Bilde von jedem Wort zuerst die Mehrzahl und schreibe sie auf.
Danach kannst du die Einzahl auch richtig schreiben.

Welches Wort?	Mehrzahl	Einzahl
Boo**t**	die Boote	das Boot
Mun☐	die	der
Klei☐	die	das
Stif☐	die	der

Auch die Buchstaben **g** und **k** sind am Wortende schwer zu unterscheiden. Schreibe Mehrzahl und Einzahl richtig auf.

Denk dran:
In der Mehrzahl
ist es viel leichter!

Wie schreibt man	Mehrzahl	Einzahl	Beispiel
Ber g	Berge	Berg	Der Berg ist sehr hoch.
Zwei			Ein _____ ist abgebrochen.
We			Wohin führt dieser _____?
Zwer			Der _____ hat eine rote Mütze.
Ta			Am _____ scheint die Sonne.

Schreibe in der Mehrzahl **g** oder **k** dazu. Ergänze das Wort in der Einzahl.

In Deutschland gibt es viele Bur☐en. Wir besuchen heute eine _____.

Der große Baum hat viele Zwei☐e. Da liegt ein abgebrochener _____.

Am Bahnhof stehen viele Zü☐e. Mira wartet auf ihren _____.

Zum Geburtstag gibt es viele Geschen☐e. Jonas bringt auch ein _____.

Im Wald gibt es viele We☐e. Elias und Laura kennen ihren _____.

Der Kiosk verkauft Geträn☐e. Jannik sucht sich ein süßes _____.

Bilde von jedem Wort mit **b** oder **p** am Ende zuerst die Mehrzahl und schreibe sie auf. Schreibe dann die Einzahl.

Welches Wort?	Mehrzahl	Einzahl
Kor☐	die Körbe	der
Sie☐	die	das
Sta☐	die	der
Die☐	die	der

8

Sprich dir die Mehrzahl bei jedem Wort laut vor.
Schreibe dann die Einzahl mit dem richtigen Buchstaben
am Ende.

Das hast du jetzt schon gut geübt!

zwei		ein		zwei		ein
zwei		ein		zwei		ein
zwei		ein		zwei		ein
zwei		ein		zwei		eine
zwei		ein		zwei		ein

9

Höre auf den letzten Buchstaben. Schreibe zuerst die Mehrzahl auf.

Schreibt man Ba**ll** mit einem oder mit zwei **l**?

Bilde zuerst die Mehrzahl: Bäl – le

Jetzt weißt du es:
Weil Bälle zwei **l** hat, hat Ball auch zwei **l**.

> Das Verlängern hilft dir auch bei anderen Buchstaben am Ende des Wortes.

Wie schreibt man	Man hört es in der Mehrzahl	Also heißt die Einzahl
Ka⬜ 	die Kämme	der Kamm
Schi⬜ 	die	das
Bla⬜ 	die	das

Schreibe den letzten Buchstaben zu den Wörtern.
Ist es ein einfacher oder ein doppelter Mitlaut?
Sprich dir von jedem Wort zuerst die Mehrzahl laut vor.
Schreibe die Verlängerung dazu.

In der Mehrzahl hörst du genau, wie du es schreiben musst.

Eisbären haben ein dickes Fe⬜⬜. **Felle**

Ein Baum hat Wurzel, Krone und Sta⬜⬜.

Unser Hausmeister ist ein netter Ma⬜⬜.

Winterjacken sind immer aus dickem Sto⬜.

Zwischen den Kastanien war auch eine Nu⬜.

 Welches Tier ist das? Kreuze an.

 Es ist ein Haustier. Du kannst es auf deinen Schoß nehmen und streicheln. Es mag Salat, Karotten und Äpfel.

○    ○    ○

Es lebt im Garten und im Park. Es ist klein und hat keine Beine. Bei Regen kommt es aus der Erde hervor.

○    ○    ○

Es lebt im Wasser. Es hat keine Beine und bewegt sich mit seinen Flossen. Es hat Schuppen am Körper.

○    ○    ○

Wenn du nicht genau weißt, ob ein Verb in der Mitte mit **g** oder **k** geschrieben wird, dann verlängere das Wort.

Schreibt man sa**g**t ➝ in der Mitte mit **g** oder mit **k**?

Verlängere zuerst das Wort: wir sa**g**en

Jetzt weißt du es:
Weil sagen ein **g** hat: schreibt man sagt auch mit **g**.

> *Du weißt ja: Verlängere das Wort, und du hörst es sofort.*

Schreibe die Verben auf. Markiere **g** und **k**.

sa**g**t ➝	wir **sagen**	Sarah **sagt** die Wahrheit.
fra__t ➝	wir	Opa nach dem Weg.
mer__t	wir	Ben sich das Wort.
flie__t ➝	wir	Die Rakete hoch.

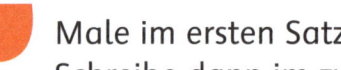

Male im ersten Satz **g** oder **k** an.
Schreibe dann im zweiten Satz das Verb mit
dem richtigen Buchstaben.

Wir trinken in der Pause Saft oder Wasser. Leon  Saft.

Alle Kinder zeigen ihre Bilder. Birte _____ ihres zuerst.

Die Kinder winken dem Bus nach. Moritz _____ am längsten.

Die Tänzer bewegen sich im Kreis. Tina _____ sich sehr schnell.

Wir tragen Stühle in die Aula. Pia _____ zwei Stühle.

Die Frösche quaken im Teich. Der Seefrosch _____ besonders laut.

Schreibe zuerst die wir-Form. Schreibe dann das Verb in der richtigen Form.

Er den☐t ⟶ wir **denken** 💡Also schreibt man: **denkt**

Lukas ▭ sich eine Geschichte aus.

Sie flie☐t ⟶ wir ▭ 💡Also schreibt man: ▭

Die Schwalbe ▭ nach Süden.

Er stei☐t ⟶ wir ▭ 💡Also schreibt man: ▭

Der Reiter ▭ auf sein Pferd.

Sie ja☐t ⟶ wir ▭ 💡Also schreibt man: ▭

Die Katze ▭ eine Maus.

15

Wird das Wort mit **b** oder **p** geschrieben?

Auch hier hilft dir die wir-Probe.

Hannes schie[b/p]t das kaputte Fahrrad.

wir  er

Matilda blei[b/p]t zum Essen bei Emily.

wir sie

Amir ü[b/p]t für die Mathearbeit.

wir er

Felix he[b/p]t den schweren Stein.

wir er

Schreibe die wir-Form. Ergänze den Satz.

sie le **b** t   wir *leben*   Tante Ines *lebt* in Kanada.

er glau ☐ t   wir _____   Pedro _____ an Geister.

er schrei ☐ t   wir _____   Tim _____ gern Gedichte.

sie pum ☐ t   wir _____   Isa _____ den Reifen auf.

er hu ☐ t   wir _____   Der LKW _____ laut.

Entscheide: **d** oder **t**.

Auch bei einem Adjektiv kann man oft den letzten Buchstaben nicht genau hören. Aber du weißt ja: Verlängere das Wort, und du hörst es sofort!

ro[d/t]   die   <u>rote</u>   Brille

kal[d/t]   die   _____   Füße

wil[d/t]   das   _____   Tier

lau[d/t]   ein   _____   Knall

frem[d/t]   die   _____   Stadt

blin[d/t]   ein   _____   Mann

al[d/t]   das   _____   Auto

bun[d/t]   ein   _____   Ball

Finde in den Sätzen das Adjektiv.
Male **b** an und schreibe das Wort noch einmal.

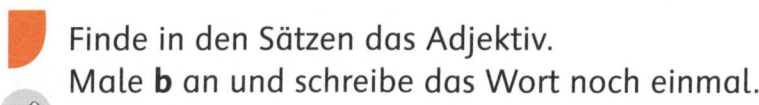
Plump ist das einzige Adjektiv, das mit p endet. Das ist ja mal eine leichte Regel!

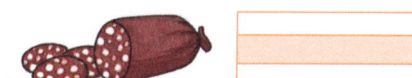

Rosenkohl hat einen herben Geschmack.

herb

Der Zug hatte eine halbe Stunde Verspätung.

Springt nie in einen See mit trübem Wasser!

Henri hat noch zwei sehr liebe Schwestern.

Cora mag keine grobe Wurst auf ihrem Brot.

Adjektive mit b/p verlängern

Viele Adjektive haben die Endung **-ig**. Du musst sie immer mit einem **g** schreiben.

1 Finde für die folgenden Wörter das Gegenteil und schreibe es richtig auf.

schmutzig   mutig   richtig   fleißig   wenig   niedrig

sauber _____   feige _____

hoch _____   falsch _____

faul _____   viel _____

2 Ergänze das passende Adjektiv mit **-ig** von oben.

Peters Gesicht ist ganz _____. Einmal üben ist zu _____.

Marias Antwort war _____. Die Sonne steht im Winter

_____. Luisa war beim Springen sehr _____.

Tobias hat _____ gelernt.

Ergänze die Sätze und schreibe das Wort noch einmal.

Kirschen und Pflaumen haben har☐e Kerne.

hart

Tante Linda hat blon☐e Haare.

Auf dem Tisch liegt eine gel☐e Banane.

Tobias isst nur eine hal☐e Pizza.

Beim Tierarzt wartet ein kran☐er Hase.

Wir lernen heute ein lusti☐es Gedicht.

Draußen weht heute ein star☐er Wind.

Kannst du das lesen?
Schreibe die Buchstaben ganz.

Sina darf am Sonntag bei ihrer Oma übernachten.

Sie freut sich schon. Sie will ihren Teddy mitnehmen.

Wie heißt das Mädchen in der Geschichte?

Wen will sie besuchen?

Wann will sie dorthin fahren?

Wer darf mitkommen?

In diesem Heft lernst du, wie du bei schwierigen Stellen im Wort selbst herausfinden kannst, wie du sie schreiben musst.

Du kennst ja schon das Zeichen für Silben:

Nun lernst du ein neues Zeichen kennen:

Es bedeutet: Du musst das Wort **verlängern** und nach der Silbe **weiterschwingen**.

Am besten machst du das mit der Mehrzahl!

Beispiel:

Bild   Bilder   Kind   Kinder

Verlängern

1

Nomen mit d/t verlängern

Schreibe die Wörter in der Mehrzahl auf.

Bei diesen Wörtern kann man den letzten Buchstaben nicht genau hören.

Robin hat einen Hund. →

Sein Vater hatte früher zwei Hunde .

Samira fährt gern mit dem Rad.

Vor der Schule stehen viele Räder .

Moritz und Fabian schlafen im Zelt.

Im Ferienlager gibt es viele Zelte .

2

Nomen mit d/t verlängern

Wenn du nicht genau weißt, ob ein Wort am Ende mit **d** oder mit **t** geschrieben wird, dann verlängere das Wort.

Verlängere das Wort, und du hörst es sofort!

Schreibe die Wörter in der Mehrzahl auf.

das Pferd →	der Mond →	die Hand →
viele Pferde	viele Monde	viele Hände
der Hut →	das Heft →	der Freund →
viele Hüte	viele Hefte	viele Freunde
das Kin_ →	das Schil_ →	das Bro_ →
viele Kinder	viele Schilder	viele Brote

3

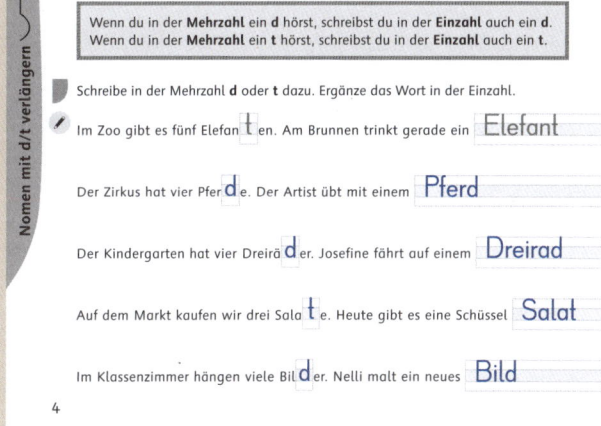

Nomen mit d/t verlängern

Wenn du in der **Mehrzahl** ein **d** hörst, schreibst du in der **Einzahl** auch ein **d**.
Wenn du in der **Mehrzahl** ein **t** hörst, schreibst du in der **Einzahl** auch ein **t**.

Schreibe in der Mehrzahl d oder t dazu. Ergänze das Wort in der Einzahl.

Im Zoo gibt es fünf Elefan t en. Am Brunnen trinkt gerade ein Elefant .

Der Zirkus hat vier Pfer d e. Der Artist übt mit einem Pferd .

Der Kindergarten hat vier Dreirä d er. Josefine fährt auf einem Dreirad .

Auf dem Markt kaufen wir drei Sala t e. Heute gibt es eine Schüssel Salat .

Im Klassenzimmer hängen viele Bil d er. Nelli malt ein neues Bild .

4

Bilde von jedem Wort zuerst die Mehrzahl und schreibe sie auf. Danach kannst du die Einzahl auch richtig schreiben.

Welches Wort?	Mehrzahl	Einzahl
Boo**t** →	die Boote	das Boot
Mun**d** →	die Münder	der Mund
Klei**d** →	die Kleider	das Kleid
Stif**t** →	die Stifte	der Stift

Nomen mit d/t verlängern

5

Auch die Buchstaben g und k sind am Wortende schwer zu unterscheiden. Schreibe Mehrzahl und Einzahl richtig auf.

Denk dran: In der Mehrzahl ist es viel leichter!

Wie schreibt man	Mehrzahl	Einzahl	Beispiel
Ber**g**	Berge	Berg	Der Berg ist sehr hoch.
Zwei**g**	Zweige	Zweig	Ein Zweig ist abgebrochen.
We**g**	Wege	Weg	Wohin führt dieser Weg?
Zwer**g**	Zwerge	Zwerg	Der Zwerg hat eine rote Mütze.
Ta**g**	Tage	Tag	Am Tag scheint die Sonne.

Nomen mit g/k verlängern

6

Schreibe in der Mehrzahl g oder k dazu. Ergänze das Wort in der Einzahl.

In Deutschland gibt es viele Bur**g**en. Wir besuchen heute eine Burg.

Der große Baum hat viele Zwei**g**e. Da liegt ein abgebrochener Zweig.

Am Bahnhof stehen viele Zü**g**e. Mira wartet auf ihren Zug.

Zum Geburtstag gibt es viele Geschen**k**e. Jonas bringt auch ein Geschenk.

Im Wald gibt es viele We**g**e. Elias und Laura kennen ihren Weg.

Der Kiosk verkauft Geträn**k**e. Jannik sucht sich ein süßes Getränk.

Nomen mit g/k verlängern

7

Bilde von jedem Wort mit b oder p am Ende zuerst die Mehrzahl und schreibe sie auf. Schreibe dann die Einzahl.

Welches Wort?	Mehrzahl	Einzahl
Kor**b** →	die Körbe	der Korb
Sie**b** →	die Siebe	das Sieb
Sta**b** →	die Stäbe	der Stab
Die**b** →	die Diebe	der Dieb

Nomen mit b/p verlängern

8

Seite 9

Sprich dir die Mehrzahl bei jedem Wort laut vor.
Schreibe dann die Einzahl mit dem richtigen Buchstaben am Ende.

Das hast du jetzt schon gut geübt!

Nomen verlängern

zwei	ein Brot	zwei	ein Hemd
zwei	ein Hund	zwei	ein Paket
zwei	ein Korb	zwei	ein Bild
zwei	ein Zwerg	zwei	eine Burg
zwei	ein Zug	zwei	ein Heft

9

Seite 10

Höre auf den letzten Buchstaben. Schreibe zuerst die Mehrzahl auf.

Nomen mit doppeltem Mitlaut

Schreibt man Ball mit einem oder mit zwei l?
Bilde zuerst die Mehrzahl: Bäl – le
Jetzt weißt du es:
Weil Bälle zwei l hat, hat Ball auch zwei l.

Das Verlängern hilft dir auch bei anderen Buchstaben am Ende des Wortes.

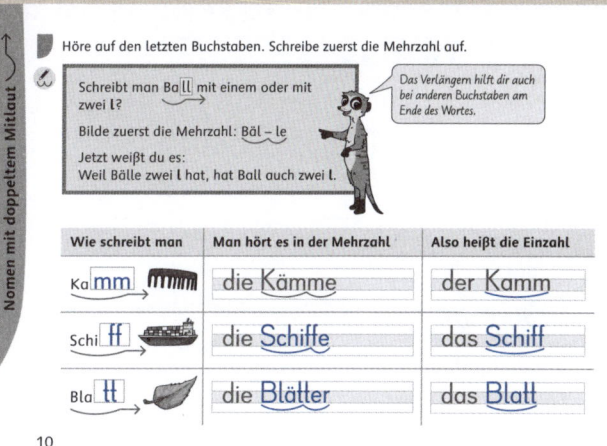

Wie schreibt man	Man hört es in der Mehrzahl	Also heißt die Einzahl
Ka mm	die Kämme	der Kamm
Schi ff	die Schiffe	das Schiff
Bla tt	die Blätter	das Blatt

10

Seite 11

Schreibe den letzten Buchstaben zu den Wörtern.
Ist es ein einfacher oder ein doppelter Mitlaut?
Sprich dir von jedem Wort zuerst die Mehrzahl laut vor.
Schreibe die Verlängerung dazu.

In der Mehrzahl hörst du genau, wie du es schreiben musst.

Nomen mit doppeltem Mitlaut

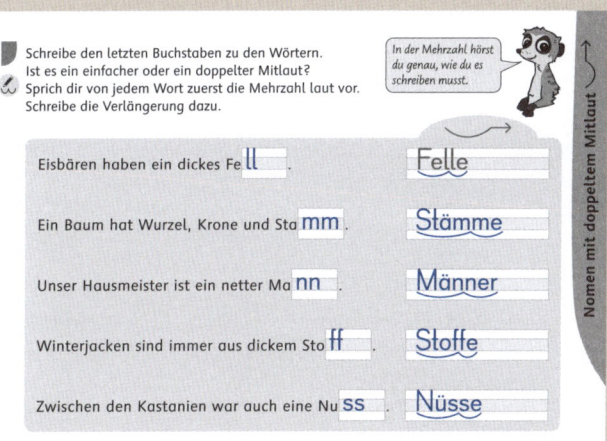

Eisbären haben ein dickes Fe ll .	Felle
Ein Baum hat Wurzel, Krone und Sta mm .	Stämme
Unser Hausmeister ist ein netter Ma nn .	Männer
Winterjacken sind immer aus dickem Sto ff .	Stoffe
Zwischen den Kastanien war auch eine Nu ss .	Nüsse

11

Seite 12

Viel Spaß!

Welches Tier ist das? Kreuze an.

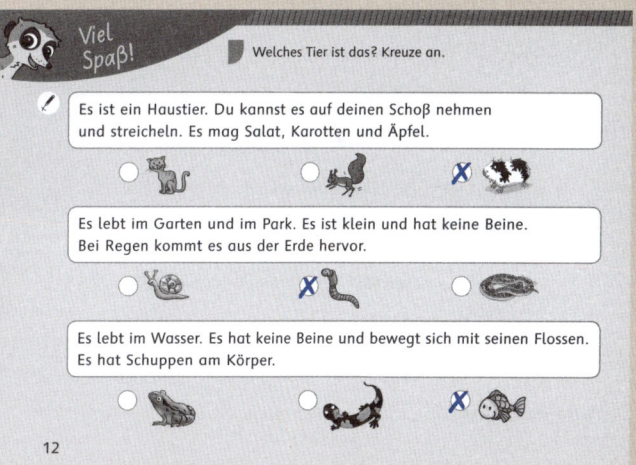

Es ist ein Haustier. Du kannst es auf deinen Schoß nehmen und streicheln. Es mag Salat, Karotten und Äpfel.

Es lebt im Garten und im Park. Es ist klein und hat keine Beine. Bei Regen kommt es aus der Erde hervor.

Es lebt im Wasser. Es hat keine Beine und bewegt sich mit seinen Flossen. Es hat Schuppen am Körper.

12

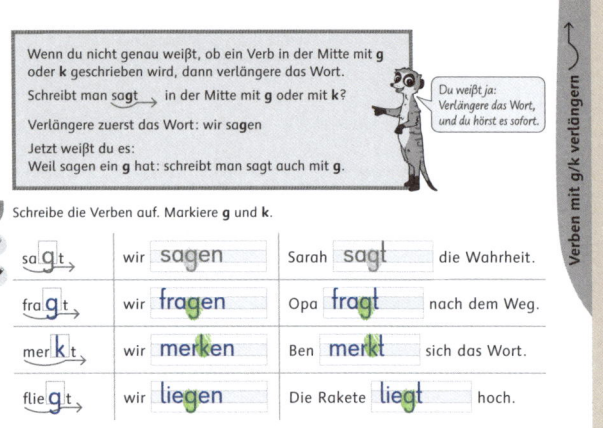

Wenn du nicht genau weißt, ob ein Verb in der Mitte mit **g** oder **k** geschrieben wird, dann verlängere das Wort.

Schreibt man sagt in der Mitte mit **g** oder mit **k**?

Verlängere zuerst das Wort: wir sagen

Jetzt weißt du es:
Weil sagen ein **g** hat: schreibt man sagt auch mit **g**.

Du weißt ja: Verlängere das Wort, und du hörst es sofort.

Schreibe die Verben auf. Markiere **g** und **k**.

sagt →	wir sagen	Sarah sagt die Wahrheit.
fragt →	wir fragen	Opa fragt nach dem Weg.
merkt →	wir merken	Ben merkt sich das Wort.
liegt →	wir liegen	Die Rakete liegt hoch.

13

Verben mit g/k verlängern

Verben mit g/k verlängern

Male im ersten Satz **g** oder **k** an.
Schreibe dann im zweiten Satz das Verb mit dem richtigen Buchstaben.

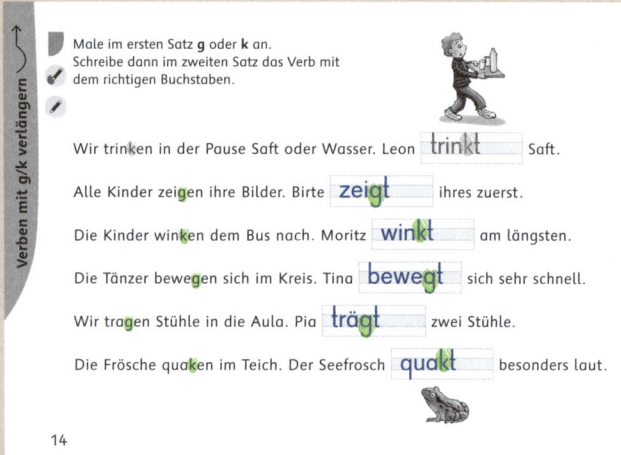

Wir trinken in der Pause Saft oder Wasser. Leon **trinkt** Saft.

Alle Kinder zeigen ihre Bilder. Birte **zeigt** ihres zuerst.

Die Kinder winken dem Bus nach. Moritz **winkt** am längsten.

Die Tänzer bewegen sich im Kreis. Tina **bewegt** sich sehr schnell.

Wir tragen Stühle in die Aula. Pia **trägt** zwei Stühle.

Die Frösche quaken im Teich. Der Seefrosch **quakt** besonders laut.

14

Schreibe zuerst die wir-Form. Schreibe dann das Verb in der richtigen Form.

Er den **k** t wir **denken** 👉 Also schreibt man: **denkt**
Lukas **denkt** sich eine Geschichte aus.

Sie flie **g** t wir **fliegen** 👉 Also schreibt man: **fliegt**
Die Schwalbe **fliegt** nach Süden.

Er stei **g** t wir **steigen** 👉 Also schreibt man: **steigt**
Der Reiter **steigt** auf sein Pferd.

Sie ja **g** t wir **jagen** 👉 Also schreibt man: **jagt**
Die Katze **jagt** eine Maus.

15

Verben mit g/k verlängern

Verben mit b/p verlängern

Wird das Wort mit **b** oder **p** geschrieben?

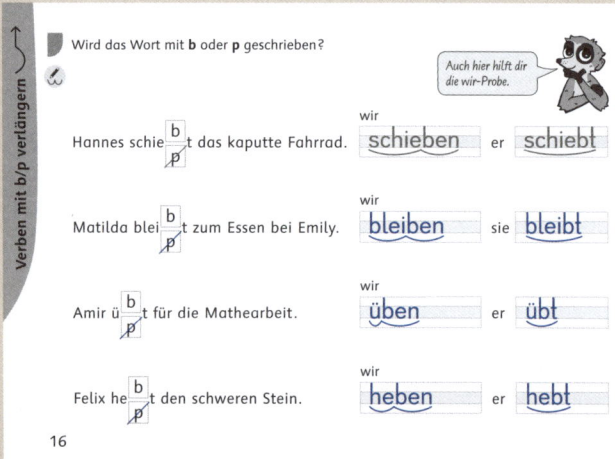

Auch hier hilft dir die wir-Probe.

Hannes schie b/p t das kaputte Fahrrad. wir **schieben** er **schiebt**

Matilda blei b/p t zum Essen bei Emily. wir **bleiben** sie **bleibt**

Amir ü b/p t für die Mathearbeit. wir **üben** er **übt**

Felix he b/p t den schweren Stein. wir **heben** er **hebt**

16

Schreibe die wir-Form. Ergänze den Satz.

sie le **b** t → wir **leben** Tante Ines **lebt** in Kanada.

er glau **b** t wir **glauben** Pedro **glaubt** an Geister.

er schrei **b** t wir **schreiben** Tim **schreibt** gern Gedichte.

sie pum **p** t wir **pumpen** Isa **pumpt** den Reifen auf.

er hu **p** t wir **hupen** Der LKW **hupt** laut.

17

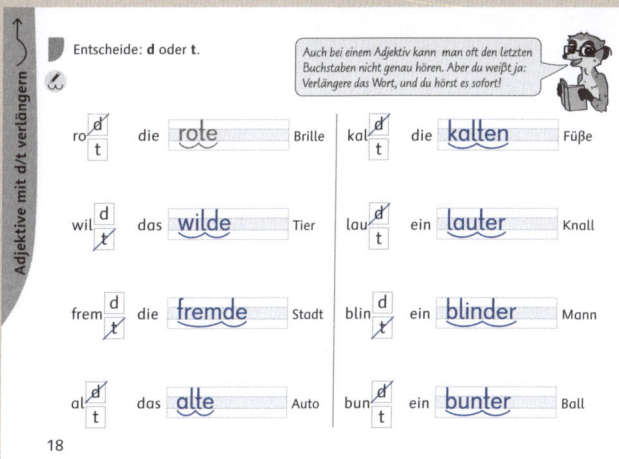

Entscheide: **d** oder **t**.

Auch bei einem Adjektiv kann man oft den letzten Buchstaben nicht genau hören. Aber du weißt ja: Verlängere das Wort, und du hörst es sofort!

ro **d/~~t~~** die **rote** Brille kal **d/~~t~~** die **kalten** Füße

wil **d/~~t~~** das **wilde** Tier lau **~~d~~/t** ein **lauter** Knall

frem **d/~~t~~** die **fremde** Stadt blin **d/~~t~~** ein **blinder** Mann

al **~~d~~/t** das **alte** Auto bun **~~d~~/t** ein **bunter** Ball

18

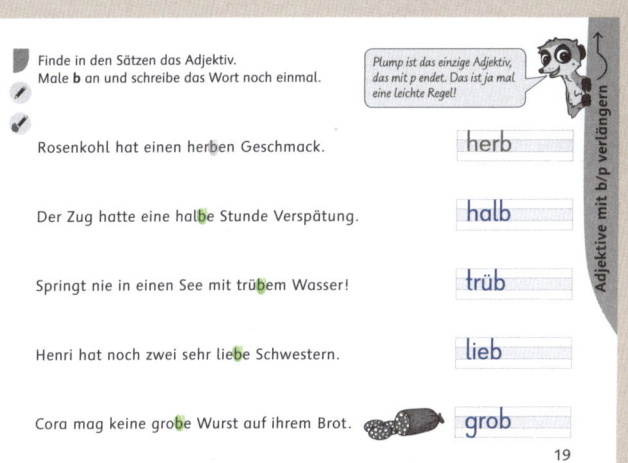

Finde in den Sätzen das Adjektiv.
Male **b** an und schreibe das Wort noch einmal.

Plump ist das einzige Adjektiv, das mit p endet. Das ist ja mal eine leichte Regel!

Rosenkohl hat einen herben Geschmack. **herb**

Der Zug hatte eine halbe Stunde Verspätung. **halb**

Springt nie in einen See mit trübem Wasser! **trüb**

Henri hat noch zwei sehr liebe Schwestern. **lieb**

Cora mag keine grobe Wurst auf ihrem Brot. **grob**

19

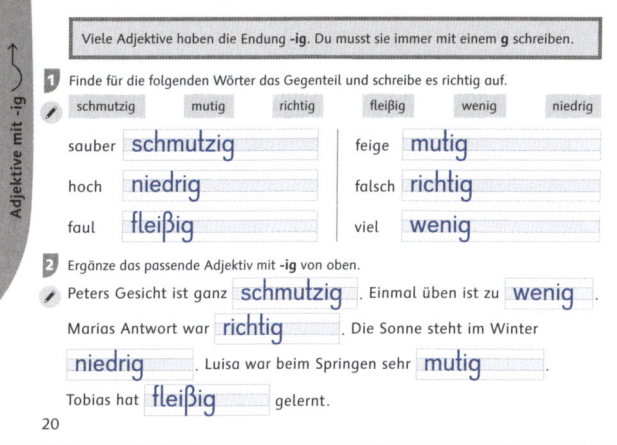

Viele Adjektive haben die Endung **-ig**. Du musst sie immer mit einem **g** schreiben.

1 Finde für die folgenden Wörter das Gegenteil und schreibe es richtig auf.

schmutzig mutig richtig fleißig wenig niedrig

sauber **schmutzig** feige **mutig**

hoch **niedrig** falsch **richtig**

faul **fleißig** viel **wenig**

2 Ergänze das passende Adjektiv mit **-ig** von oben.

Peters Gesicht ist ganz **schmutzig**. Einmal üben ist zu **wenig**.

Marias Antwort war **richtig**. Die Sonne steht im Winter

niedrig. Luisa war beim Springen sehr **mutig**.

Tobias hat **fleißig** gelernt.

20

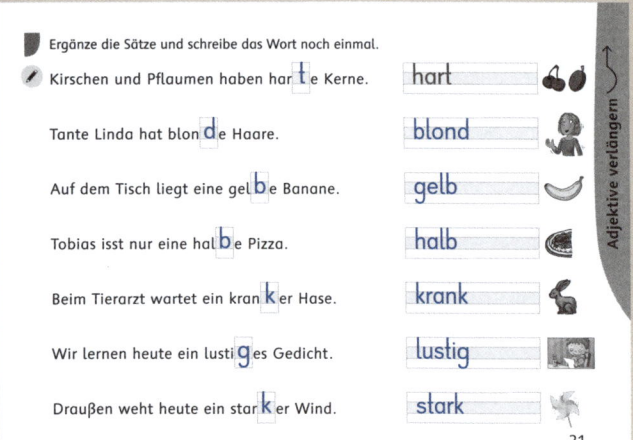

Ergänze die Sätze und schreibe das Wort noch einmal.

Kirschen und Pflaumen haben har **t** e Kerne. — hart

Tante Linda hat blon **d** e Haare. — blond

Auf dem Tisch liegt eine gel **b** e Banane. — gelb

Tobias isst nur eine hal **b** e Pizza. — halb

Beim Tierarzt wartet ein kran **k** er Hase. — krank

Wir lernen heute ein lusti **g** es Gedicht. — lustig

Draußen weht heute ein star **k** er Wind. — stark

Adjektive verlängern

21

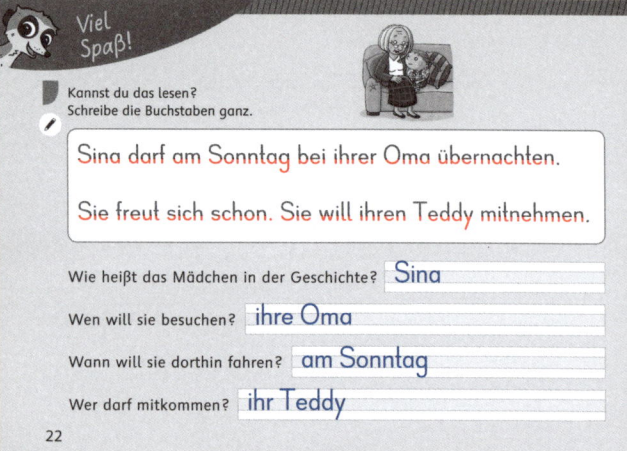

Viel Spaß!

Kannst du das lesen? Schreibe die Buchstaben ganz.

Sina darf am Sonntag bei ihrer Oma übernachten.

Sie freut sich schon. Sie will ihren Teddy mitnehmen.

Wie heißt das Mädchen in der Geschichte? Sina

Wen will sie besuchen? ihre Oma

Wann will sie dorthin fahren? am Sonntag

Wer darf mitkommen? ihr Teddy

22

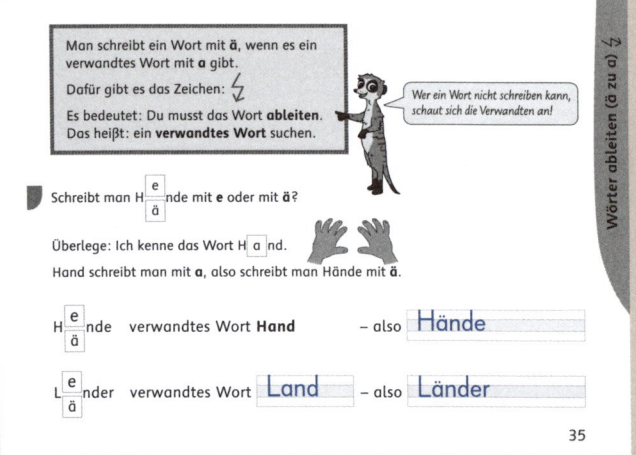

Man schreibt ein Wort mit **ä**, wenn es ein verwandtes Wort mit **a** gibt.

Dafür gibt es das Zeichen: ⚡

Es bedeutet: Du musst das Wort **ableiten**.
Das heißt: ein **verwandtes Wort** suchen.

Wer ein Wort nicht schreiben kann, schaut sich die Verwandten an!

Schreibt man H e/ä nde mit **e** oder mit **ä**?

Überlege: Ich kenne das Wort H a nd.

Hand schreibt man mit **a**, also schreibt man Hände mit **ä**.

H e/ä nde   verwandtes Wort **Hand**   – also   Hände

L e/ä nder   verwandtes Wort   Land   – also   Länder

Wörter ableiten (ä zu a)

35

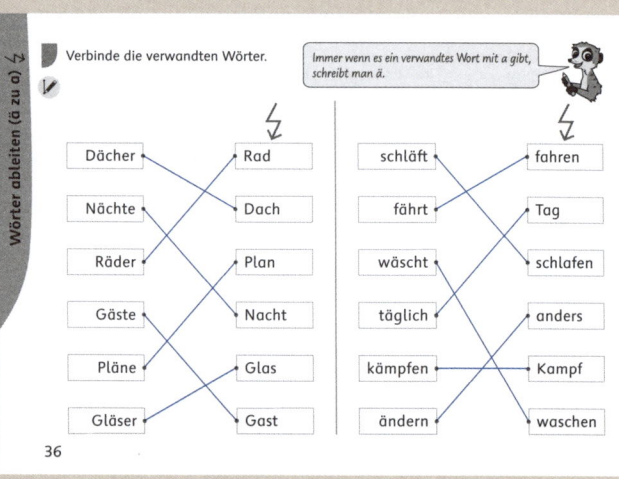

Verbinde die verwandten Wörter.

Immer wenn es ein verwandtes Wort mit a gibt, schreibt man ä.

Dächer — Rad
Nächte — Dach
Räder — Plan
Gäste — Nacht
Pläne — Glas
Gläser — Gast

schläft — fahren
fährt — Tag
wäscht — schlafen
täglich — anders
kämpfen — Kampf
ändern — waschen

Wörter ableiten (ä zu a)

36

37

Wenn du nicht genau weißt, ob ein Wort mit **e** oder mit **ä** geschrieben wird, dann suche ein verwandtes Wort.

Bei Nomen kannst du das mit der Einzahl überprüfen.

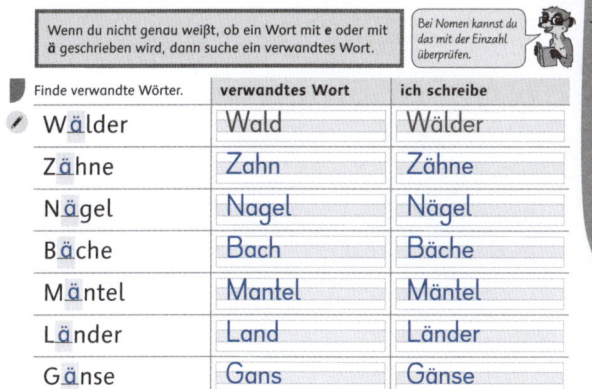

Finde verwandte Wörter.

	verwandtes Wort	ich schreibe
Wälder	Wald	Wälder
Zähne	Zahn	Zähne
Nägel	Nagel	Nägel
Bäche	Bach	Bäche
Mäntel	Mantel	Mäntel
Länder	Land	Länder
Gänse	Gans	Gänse

Wörter ableiten (ä zu a)

38

Wörter ableiten (ä zu a)

Male alle **ä** an.
Finde für jedes Wort mit **ä** ein verwandtes Wort mit **a**.

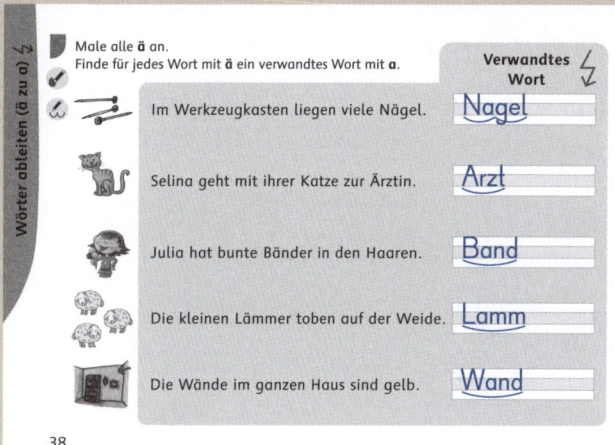

Verwandtes Wort

Im Werkzeugkasten liegen viele Nägel.	Nagel
Selina geht mit ihrer Katze zur Ärztin.	Arzt
Julia hat bunte Bänder in den Haaren.	Band
Die kleinen Lämmer toben auf der Weide.	Lamm
Die Wände im ganzen Haus sind gelb.	Wand

39

Schreibe die Wörter richtig auf.

Mach die Probe: Wenn es ein verwandtes Wort mit a gibt, dann schreibst du ä.

e oder ä?	Es gibt **ein** verwandtes Wort mit a	Es gibt **kein** verwandtes Wort mit a	Ich schreibe so:
Heft		✗	Heft
Geld		✗	Geld
Tänzerin	Tanz	○	tanzen
Fässer	Fass	○	Fässer
Stern		✗	Stern
schnell		✗	schnell
ängstlich	Angst	○	ängstlich

Wörter ableiten (ä zu a)

40

Wörter ableiten (ä zu a)

Wenn du bei einem Verb nicht genau hören kannst, ob es in der Mitte ein **e** oder ein **ä** hat, überprüfe es mit der wir-Form.

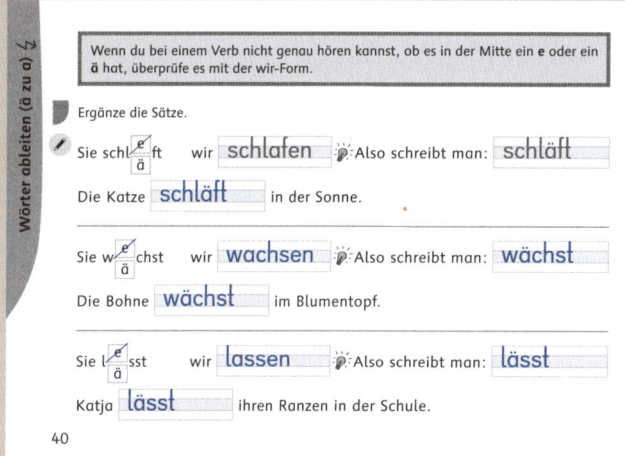

Ergänze die Sätze.

Sie schläft wir **schlafen** → Also schreibt man: **schläft**

Die Katze **schläft** in der Sonne.

Sie wächst wir **wachsen** → Also schreibt man: **wächst**

Die Bohne **wächst** im Blumentopf.

Sie lässt wir **lassen** → Also schreibt man: **lässt**

Katja **lässt** ihren Ranzen in der Schule.

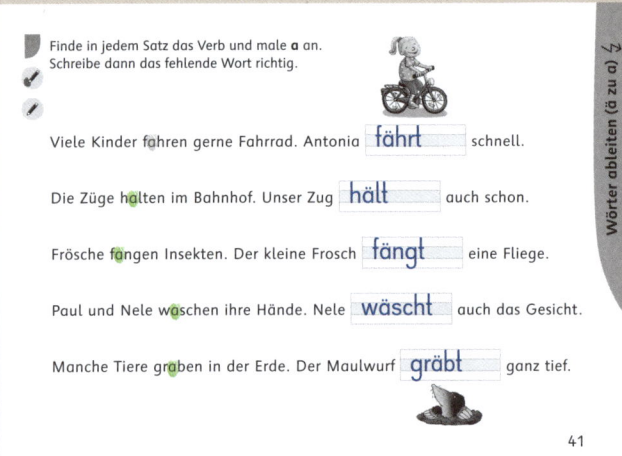

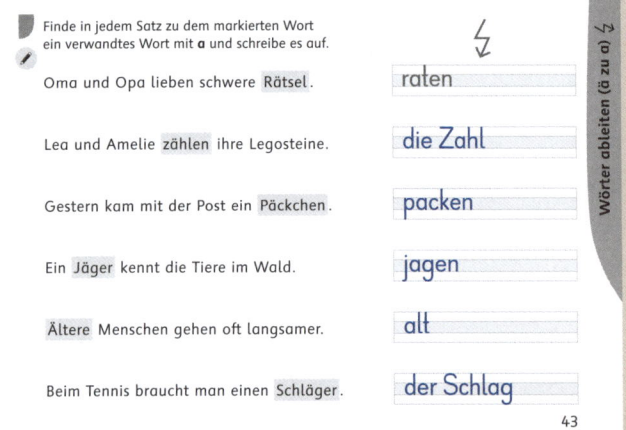

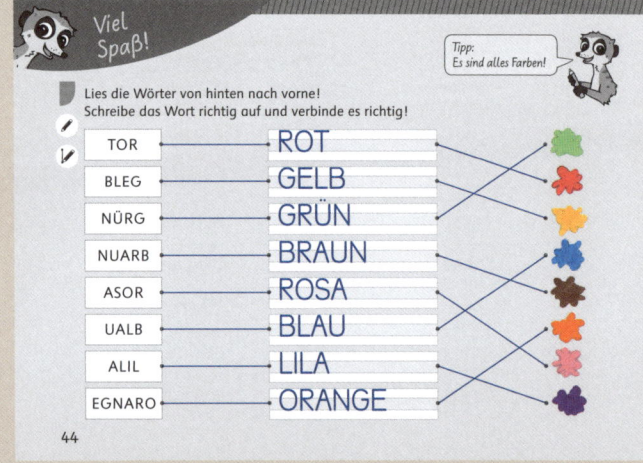

Lösungen

Finde in jedem Satz das Verb und male **a** an. Schreibe dann das fehlende Wort richtig.

Viele Kinder fahren gerne Fahrrad. Antonia **fährt** schnell.

Die Züge halten im Bahnhof. Unser Zug **hält** auch schon.

Frösche fangen Insekten. Der kleine Frosch **fängt** eine Fliege.

Paul und Nele waschen ihre Hände. Nele **wäscht** auch das Gesicht.

Manche Tiere graben in der Erde. Der Maulwurf **gräbt** ganz tief.

Wörter ableiten (ä zu a)

41

Suche zu jedem Adjektiv ein verwandtes Wort mit **a**. Setze dann das erste Wort richtig ein.

Es kann auch ein Wort aus einer anderen Wortart sein.

Wörter ableiten (ä zu a)

gefährlich	die Gefahr	eine **gefährliche** Reise
täglich	der Tag	der **tägliche** Schulweg
länger	lang	das **längere** Seil
kräftig	die Kraft	ein **kräftiger** Schlag
wärmer	warm	der **wärmere** Pullover
ängstlich	die Angst	ein **ängstlicher** Hund

42

Finde in jedem Satz zu dem markierten Wort ein verwandtes Wort mit **a** und schreibe es auf.

Oma und Opa lieben schwere Rätsel. — raten

Lea und Amelie zählen ihre Legosteine. — die Zahl

Gestern kam mit der Post ein Päckchen. — packen

Ein Jäger kennt die Tiere im Wald. — jagen

Ältere Menschen gehen oft langsamer. — alt

Beim Tennis braucht man einen Schläger. — der Schlag

Wörter ableiten (ä zu a)

43

Viel Spaß!

Tipp: Es sind alles Farben!

Lies die Wörter von hinten nach vorne! Schreibe das Wort richtig auf und verbinde es richtig!

TOR	ROT
BLEG	GELB
NÜRG	GRÜN
NUARB	BRAUN
ASOR	ROSA
UALB	BLAU
ALIL	LILA
EGNARO	ORANGE

44

30

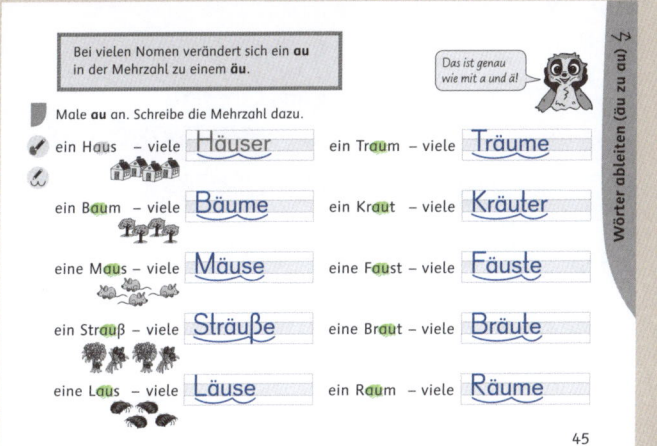

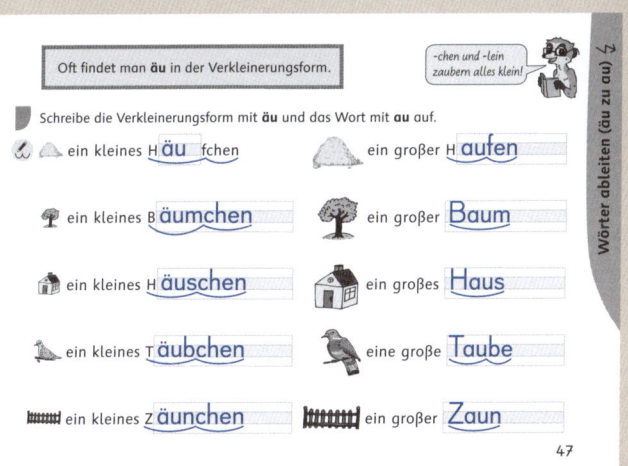

Panel 45

Bei vielen Nomen verändert sich ein **au** in der Mehrzahl zu einem **äu**.

Das ist genau wie mit a und ä!

Wörter ableiten (äu zu au)

Male **au** an. Schreibe die Mehrzahl dazu.

ein Haus – viele **Häuser**   ein Traum – viele **Träume**

ein Baum – viele **Bäume**   ein Kraut – viele **Kräuter**

eine Maus – viele **Mäuse**   eine Faust – viele **Fäuste**

ein Strauß – viele **Sträuße**   eine Braut – viele **Bräute**

eine Laus – viele **Läuse**   ein Raum – viele **Räume**

45

Panel 46

Schreibt man **eu** oder **au**?
Kreuze an und schreibe die Wörter auf.

Mach die Probe: Wenn es ein verwandtes Wort mit au gibt, dann schreibst du äu.

Wörter ableiten (äu zu au)

	Es gibt **ein** verwandtes Wort mit au	Es gibt **kein** verwandtes Wort mit au	Ich schreibe so:
Fr**eu**nde		✗	Freunde
Tr**äu**me	Traum	○	Traum
z**eu**gnis		✗	Zeugnis
B**eu**le		✗	Beule
Kr**eu**z		✗	Kreuz
Str**äu**cher	Strauch	○	Sträucher

46

Panel 47

Oft findet man **äu** in der Verkleinerungsform.

-chen und -lein zaubern alles klein!

Wörter ableiten (äu zu au)

Schreibe die Verkleinerungsform mit **äu** und das Wort mit **au** auf.

ein kleines H**äu**fchen   ein großer H**aufen**

ein kleines B**äumchen**   ein großer B**aum**

ein kleines H**äuschen**   ein großes H**aus**

ein kleines T**äubchen**   eine große T**aube**

ein kleines Z**äunchen**   ein großer Z**aun**

47

Panel 48

Überlege zuerst, ob du ein verwandtes Wort mit **au** kennst.
Schreibe es dazu oder kreuze an, wenn es keins gibt.
Schreibe dann das Wort richtig auf.

Wörter ableiten (äu zu au)

eu oder au?	verwandtes Wort mit au	**kein** verwandtes Wort mit au	Ich schreibe
zwei	Haus	○	zwei Häuser
zwei		✗	zwei Freunde
zwei		✗	zwei Eulen
zwei	Zaun	○	zwei Zäune
zwei		✗	zwei Feuer

48

31

> Überlege, ob es ein verwandtes Wort mit **au** gibt.
> Dann weißt du, ob du **äu** oder **eu** schreiben musst.

Entscheide: **eu** oder **äu**?

	⚡	Kein ⚡
Niko und Markus haben einen n**eu**en Fußball.		✗
Alicia tr**äu**mt von einer Ferienreise.	Traum	○
Die Kerzen l**eu**chten in der Dunkelheit.		✗
Das große Auto wird wohl sehr t**eu**er sein.		✗
Ein Baby nennt man auch S**äu**gling.	saugen	○
Finn fr**eu**t sich auf seinen Geburtstag.		✗
Das Kätzchen ist noch sehr sch**eu**.		✗

49

1 Immer drei Wörter sind verwandt – in jeder Linie findest du eins.
Male sie mit derselben Farbe an.

der Jäger   die Wäsche   tragen   der Alte

der Hosenträger   das Altersheim   die Waschmaschine   jagen

älter   verjagen   gewaschen   die Tragetasche

2 Finde in dem Text fünf verwandte Wörter mit **äu** und **au** und male sie an.

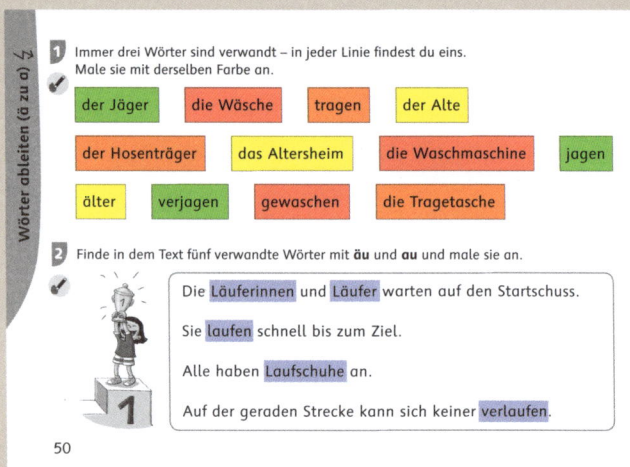

> Die Läuferinnen und Läufer warten auf den Startschuss.
>
> Sie laufen schnell bis zum Ziel.
>
> Alle haben Laufschuhe an.
>
> Auf der geraden Strecke kann sich keiner verlaufen.

50

1 Bilde immer aus zwei Silben ein Wort. Schreibe das verwandte Wort dazu.

Rä	Bäl	Hän	Fäs	Plä	Blät
le	ne	ter	der	de	ser

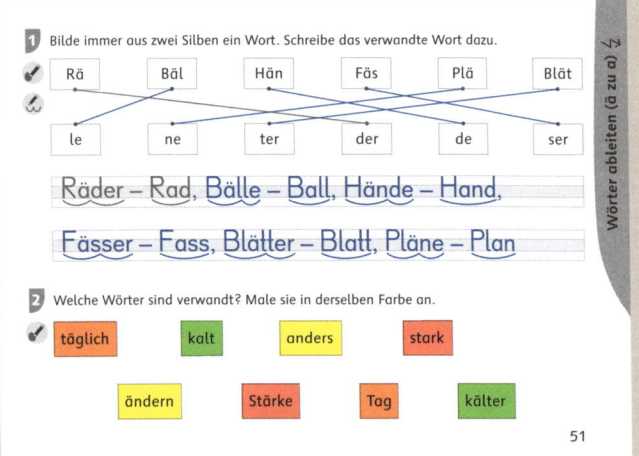

Räder – Rad, Bälle – Ball, Hände – Hand,

Fässer – Fass, Blätter – Blatt, Pläne – Plan

2 Welche Wörter sind verwandt? Male sie in derselben Farbe an.

täglich   kalt   anders   stark

ändern   Stärke   Tag   kälter

51

In jeder Zeile passt ein Wort nicht zu den anderen.
Es ist kein verwandtes Wort. Streiche es durch.

Schläger	schlagen	Schlauch	Anschlag	Schlag
fahren	Fahrrad	Abfahrt	falsch	Fähre
verträumt	tauchen	träumen	Traumschiff	Traum
erkälten	kalt	Kälte	kälter	Kater

52

32

1 ⟶ Ein Nomen verlängern bedeutet:
- ☒ die Mehrzahl bilden
- ◯ ein zweites Wort dazu schreiben

Wozu hilft es, ein Nomen zu verlängern?
- ◯ Man hört den Anfang besser.
- ☒ Man hört das Ende besser.

2 Schreibe den letzten Buchstaben zu den Wörtern.
Finde ein passendes Wort als Verlängerung.

Julians Papa kauft sich heute ein neues Hem| d |. Hemden

Theresa weiß oft die richtige Antwor| t |. Antworten

Lara und Lenni treffen sich auf dem Schulwe| g |. Schulwege

Legt bitte die Kastanien in den Kor| b |. Körbe

53

Verben verlängert man am besten so:
- ◯ Man bildet die ich-Form.
- ☒ Man bildet die wir-Form.
- ◯ Man bildet die du-Form.

> Überprüfe zuerst, wie du es geübt hast.
> Schreibe dann das Verb noch einmal.

Leonie schen| k |t ihrer Mutter ein Bild. schenken sie schenkt

Opa blei| b |t bis nächste Woche bei uns. bleiben er bleibt

Die Lehrerin zei| g |t uns die neue Übung. zeigen sie zeigt

Das Auto hu| p |t laut. hupen es hupt

54

---

1 ⚡ Dieses Zeichen bedeutet:
- ◯ Ich soll ein bekanntes Wort finden.
- ☒ Ich soll ein verwandtes Wort finden.
- ◯ Ich soll ein vergessenes Wort finden.

Dann kann ich besser entscheiden, ob man ein Wort
- ◯ mit o oder u schreibt.
- ◯ mit z oder mit s schreibt.
- ☒ mit ä oder mit e schreibt.

Es kann auch vorkommen, dass es kein verwandtes Wort mit a oder au gibt.
- ☒ stimmt
- ◯ stimmt nicht

2 Finde Ableitungswörter für die folgenden Wörter.

die Nähe   nah   täglich   der Tag

sie schläft   schlafen   der Schläger   schlagen

55

Kreuze an.
- ◯ -chen und -lein machen die Dinge größer.
- ☒ -chen und -lein machen die Dinge kleiner.

- ☒ In der Mehrzahl kann a manchmal zu ä werden.
- ◯ In der Mehrzahl bleibt a immer gleich.

- ◯ Wörter mit ä haben manchmal Verwandte mit ü.
- ◯ Wörter mit ä haben keine Verwandten.
- ☒ Wörter mit ä haben oft Verwandte mit a.

- ◯ Nur bei Nomen kann sich a zu ä verändern.
- ☒ Bei allen Wortarten kann sich a zu ä verändern.
- ◯ Bei keinem Wort kann sich a zu ä verändern.

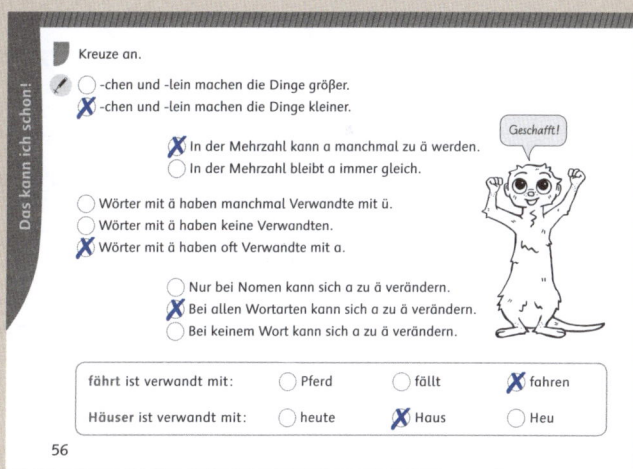

Geschafft!

| fährt ist verwandt mit: | ◯ Pferd | ◯ fällt | ☒ fahren |
| Häuser ist verwandt mit: | ◯ heute | ☒ Haus | ◯ Heu |

56

Viel Spaß!

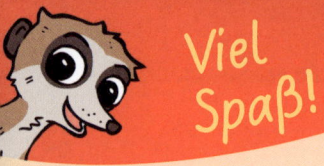

Male alle Felder mit **e – ä – eu – äu** gelb an.
Die anderen Felder darfst du anmalen, wie du willst.

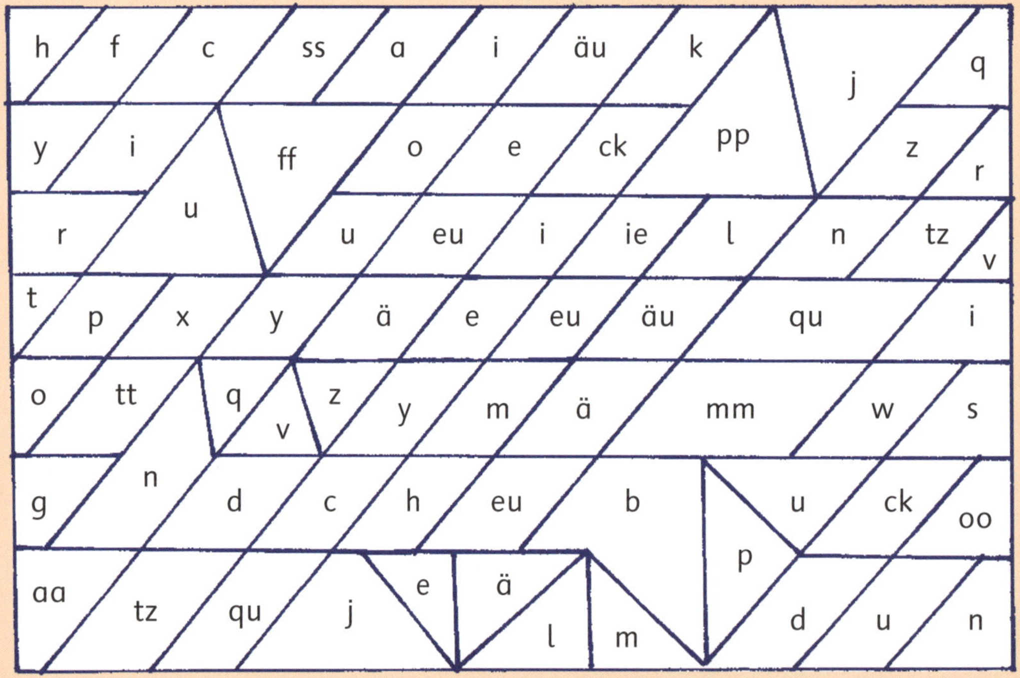
h f c ss a i äu k j q
y i ff o e ck pp z r
r u u eu i ie l n tz v
t p x y ä e eu äu qu i
o tt q v z y m ä mm w s
g n d c h eu b u ck oo
aa tz qu j e ä l m p d u n

Man schreibt ein Wort mit **ä**, wenn es ein verwandtes Wort mit **a** gibt.

Dafür gibt es das Zeichen:

Es bedeutet: Du musst das Wort **ableiten**.
Das heißt: ein **verwandtes Wort** suchen.

Wer ein Wort nicht schreiben kann, schaut sich die Verwandten an!

Schreibt man H [e/ä] nde mit **e** oder mit **ä**?

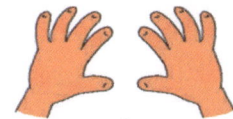

Überlege: Ich kenne das Wort H [a] nd.

Hand schreibt man mit **a**, also schreibt man Hände mit **ä**.

H [e/ä] nde   verwandtes Wort **Hand**   – also _____

L [e/ä] nder   verwandtes Wort _____ – also _____

35

Verbinde die verwandten Wörter.

Immer wenn es ein verwandtes Wort mit a gibt, schreibt man ä.

Dächer	Rad
Nächte	Dach
Räder	Plan
Gäste	Nacht
Pläne	Glas
Gläser	Gast

schläft	fahren
fährt	Tag
wäscht	schlafen
täglich	anders
kämpfen	Kampf
ändern	waschen

Wenn du nicht genau weißt, ob ein Wort mit **e** oder mit **ä** geschrieben wird, dann suche ein verwandtes Wort.

Bei Nomen kannst du das mit der Einzahl überprüfen.

Finde verwandte Wörter.

	verwandtes Wort	ich schreibe
W__lder	Wald	Wälder
Z__hne		
N__gel		
B__che		
M__ntel		
L__nder		
G__nse		

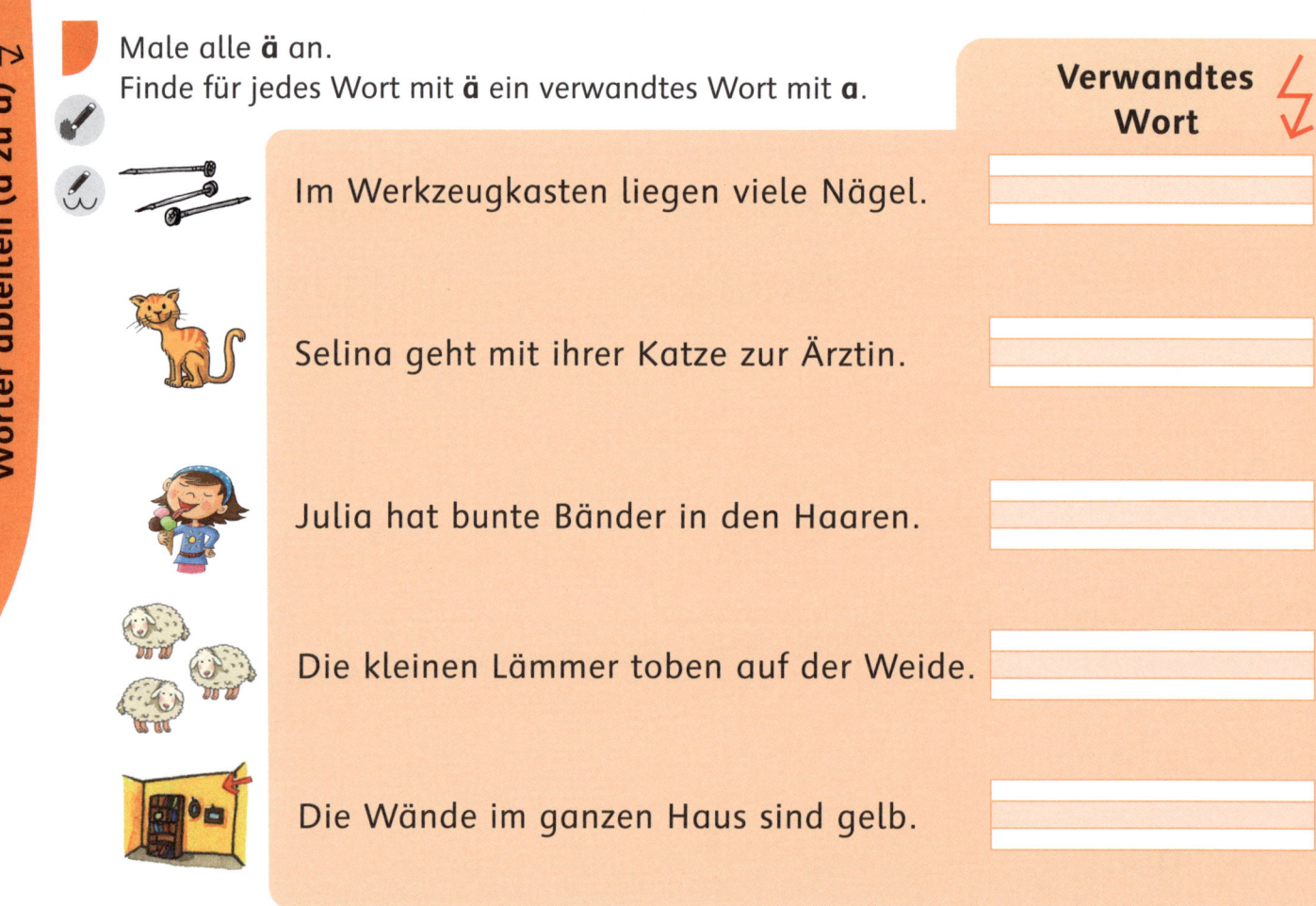

Wörter ableiten (ä zu a)

Male alle **ä** an.
Finde für jedes Wort mit **ä** ein verwandtes Wort mit **a**.

Verwandtes Wort

Im Werkzeugkasten liegen viele Nägel.

Selina geht mit ihrer Katze zur Ärztin.

Julia hat bunte Bänder in den Haaren.

Die kleinen Lämmer toben auf der Weide.

Die Wände im ganzen Haus sind gelb.

Schreibe die Wörter richtig auf.

Mach die Probe: Wenn es ein verwandtes Wort mit a gibt, dann schreibst du ä.

e oder ä?	Es gibt **ein** verwandtes Wort mit a	Es gibt **kein** verwandtes Wort mit a	Ich schreibe so:
H__ft		✗	Heft
G__ld		◯	
T__nzerin		◯	
F__sser		◯	
St__rn		◯	
schn__ll		◯	
__ngstlich		◯	

Wörter ableiten (ä zu a)

Wenn du bei einem Verb nicht genau hören kannst, ob es in der Mitte ein **e** oder ein **ä** hat, überprüfe es mit der wir-Form.

Ergänze die Sätze.

Sie schl[e/ä]ft   wir schlafen   Also schreibt man: schläft

Die Katze _____ in der Sonne.

Sie w[e/ä]chst   wir _____   Also schreibt man: _____

Die Bohne _____ im Blumentopf.

Sie l[e/ä]sst   wir _____   Also schreibt man: _____

Katja _____ ihren Ranzen in der Schule.

Finde in jedem Satz das Verb und male **a** an.
Schreibe dann das fehlende Wort richtig.

Viele Kinder fahren gerne Fahrrad. Antonia _____ schnell.

Die Züge halten im Bahnhof. Unser Zug _____ auch schon.

Frösche fangen Insekten. Der kleine Frosch _____ eine Fliege.

Paul und Nele waschen ihre Hände. Nele _____ auch das Gesicht.

Manche Tiere graben in der Erde. Der Maulwurf _____ ganz tief.

Wörter ableiten (ä zu a)

Suche zu jedem Adjektiv ein verwandtes Wort mit **a**.
Setze dann das erste Wort richtig ein.

Es kann auch ein Wort aus einer anderen Wortart sein.

gefährlich	die Gefahr	eine **gefährliche** Reise
täglich		der _____ Schulweg
länger		das _____ Seil
kräftig		ein _____ Schlag
wärmer		der _____ Pullover
ängstlich		ein _____ Hund

Finde in jedem Satz zu dem markierten Wort
ein verwandtes Wort mit **a** und schreibe es auf.

Oma und Opa lieben schwere Rätsel.

raten

Lea und Amelie zählen ihre Legosteine.

Gestern kam mit der Post ein Päckchen.

Ein Jäger kennt die Tiere im Wald.

Ältere Menschen gehen oft langsamer.

Beim Tennis braucht man einen Schläger.

Tipp:
Es sind alles Farben!

Lies die Wörter von hinten nach vorne!
Schreibe das Wort richtig auf und verbinde es richtig!

| TOR |
| BLEG |
| NÜRG |
| NUARB |
| ASOR |
| UALB |
| ALIL |
| EGNARO |

44

Bei vielen Nomen verändert sich ein **au** in der Mehrzahl zu einem **äu**.

Das ist genau wie mit a und ä!

Male **au** an. Schreibe die Mehrzahl dazu.

ein Haus – viele **Häuser**

ein Traum – viele

ein Baum – viele

ein Kraut – viele

eine Maus – viele

eine Faust – viele

ein Strauß – viele

eine Braut – viele

eine Laus – viele

ein Raum – viele

45

Schreibt man **eu** oder **au**?
Kreuze an und schreibe die Wörter auf.

	Es gibt **ein** ver- wandtes Wort mit au	Es gibt **kein** ver- wandtes Wort mit au	Ich schreibe so:
Fr___nde		✗	Freunde
Tr___me	Traum	○	Tr_____
Z___gnis		○	
B___le		○	
Kr___z		○	
Str___cher		○	

46

Oft findet man **äu** in der Verkleinerungsform.

-chen und -lein zaubern alles klein!

Schreibe die Verkleinerungsform mit **äu** und das Wort mit **au** auf.

ein kleines H ⬚ fchen

ein großer H

ein kleines B

ein großer

ein kleines H

ein großes

ein kleines T

eine große

ein kleines Z

ein großer

Überlege zuerst, ob du ein verwandtes Wort mit **au** kennst.
Schreibe es dazu oder kreuze an, wenn es keins gibt.
Schreibe dann das Wort richtig auf.

eu oder au?	verwandtes Wort mit au	**kein** verwandtes Wort mit au	Ich schreibe
zwei		◯	zwei
zwei		◯	zwei
zwei		◯	zwei
zwei		◯	zwei
zwei		◯	zwei

> Überlege, ob es ein verwandtes Wort mit **au** gibt.
> Dann weißt du, ob du **äu** oder **eu** schreiben musst.

Entscheide: **eu** oder **äu**?

	↯	Kein ↯
Niko und Markus haben einen n☐en Fußball.		✗
Alicia tr☐mt von einer Ferienreise.	Traum	◯
Die Kerzen l☐chten in der Dunkelheit.		◯
Das große Auto wird wohl sehr t☐er sein.		◯
Ein Baby nennt man auch S☐gling.		◯
Finn fr☐t sich auf seinen Geburtstag.		◯
Das Kätzchen ist noch sehr sch☐.		◯

49

1 Immer drei Wörter sind verwandt – in jeder Linie findest du eins.
Male sie mit derselben Farbe an.

| der Jäger | die Wäsche | tragen | der Alte |

| der Hosenträger | das Altersheim | die Waschmaschine | jagen |

| älter | verjagen | gewaschen | die Tragetasche |

2 Finde in dem Text fünf verwandte Wörter mit **äu** und **au** und male sie an.

Die Läuferinnen und Läufer warten auf den Startschuss.

Sie laufen schnell bis zum Ziel.

Alle haben Laufschuhe an.

Auf der geraden Strecke kann sich keiner verlaufen.

1 Bilde immer aus zwei Silben ein Wort. Schreibe das verwandte Wort dazu.

Rä	Bäl	Hän	Fäs	Plä	Blät

le	ne	ter	der	de	ser

Räder – Rad,

2 Welche Wörter sind verwandt? Male sie in derselben Farbe an.

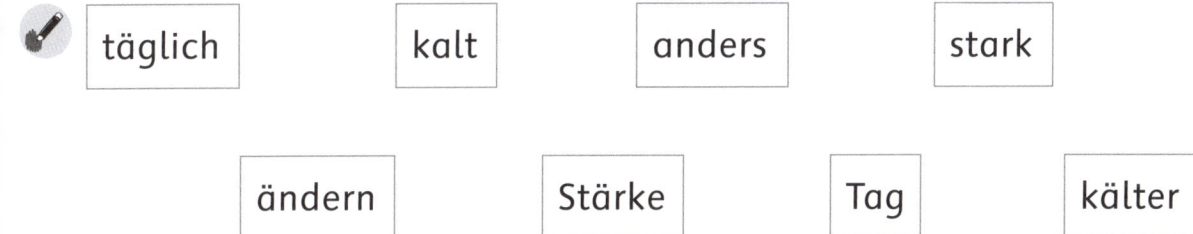

täglich	kalt	anders	stark

ändern	Stärke	Tag	kälter

51

In jeder Zeile passt ein Wort nicht zu den anderen.
Es ist kein verwandtes Wort. Streiche es durch.

| Schläger | schlagen | Schlauch | Anschlag | Schlag |

| fahren | Fahrrad | Abfahrt | falsch | Fähre |

| verträumt | tauchen | träumen | Traumschiff | Traum |

| erkälten | kalt | Kälte | kälter | Kater |

1 $\longrightarrow$ Ein Nomen verlängern bedeutet:
- ○ die Mehrzahl bilden
- ○ ein zweites Wort dazu schreiben

Wozu hilft es, ein Nomen zu verlängern?
- ○ Man hört den Anfang besser.
- ○ Man hört das Ende besser.

2 Schreibe den letzten Buchstaben zu den Wörtern.
Finde ein passendes Wort als Verlängerung. $\longrightarrow$

Julians Papa kauft sich heute ein neues Hem⬚ .

Theresa weiß oft die richtige Antwor⬚ .

Lara und Lenni treffen sich auf dem Schulwe⬚ .

Legt bitte die Kastanien in den Kor⬚ .

Verben verlängert man am besten so:

◯ Man bildet die ich-Form.
◯ Man bildet die wir-Form.
◯ Man bildet die du-Form.

Überprüfe zuerst, wie du es geübt hast.
Schreibe dann das Verb noch einmal.

Leonie schen☐t ihrer Mutter ein Bild.   ☐☐☐ sie ☐☐☐

Opa blei☐t bis nächste Woche bei uns.   ☐☐☐ er ☐☐☐

Die Lehrerin zei☐t uns die neue Übung.   ☐☐☐ sie ☐☐☐

Das Auto hu☐t laut.   ☐☐☐ es ☐☐☐

54

1 ⚡ Dieses Zeichen bedeutet:

- ○ Ich soll ein bekanntes Wort finden.
- ○ Ich soll ein verwandtes Wort finden.
- ○ Ich soll ein vergessenes Wort finden.

Dann kann ich besser entscheiden,
ob man ein Wort

- ○ mit o oder u schreibt.
- ○ mit z oder mit s schreibt.
- ○ mit ä oder mit e schreibt.

Es kann auch vorkommen,
dass es kein verwandtes Wort
mit a oder au gibt.

- ○ stimmt
- ○ stimmt nicht

2 Finde Ableitungswörter für die folgenden Wörter.

die Nähe

täglich

sie schläft

der Schläger

Kreuze an.

◯ -chen und -lein machen die Dinge größer.
◯ -chen und -lein machen die Dinge kleiner.

◯ In der Mehrzahl kann a manchmal zu ä werden.
◯ In der Mehrzahl bleibt a immer gleich.

◯ Wörter mit ä haben manchmal Verwandte mit ü.
◯ Wörter mit ä haben keine Verwandten.
◯ Wörter mit ä haben oft Verwandte mit a.

◯ Nur bei Nomen kann sich a zu ä verändern.
◯ Bei allen Wortarten kann sich a zu ä verändern.
◯ Bei keinem Wort kann sich a zu ä verändern.

Geschafft!

fährt ist verwandt mit: ◯ Pferd   ◯ fällt   ◯ fahren

Häuser ist verwandt mit: ◯ heute   ◯ Haus   ◯ Heu